이상하게 슬픈 파랑

임수경 시집

시인동네 시인선 225　　　　　　　　　　　　임수경 시집

이상하게 슬픈 파랑

시인동네

시인의 말

모든 행성은 강하게 서로를 끌어당긴다.
어쩌면 완전한 소멸을 꿈꾸는 걸지도 모른다.

굿바이, 나의 울트라맨!

2024년 2월
임수경

차례

시인의 말

제1부

슬픈 진화 1 · 13
잔혹한 천사의 테제 · 14
낙화주의 · 17
이상하게 슬픈 파랑 · 18
귀환궤도 · 20
우리 종의 사인(死因)은 모두 고독이다 · 22
움켜쥘 심장이 하나뿐이라 쓸쓸한 거다 · 24
슬픈 진화 2 · 26
굿바이, 나의 울트라맨 · 28
안녕을 곱씹는 하루 · 30
진단명: 무화과 향에 반응하는 공황장애 · 32
봄날 · 34

제2부

임씨표류기 · 37

기도할 줄 모르는 자의 오후 · 38

가지 않은 길 · 40

어젠 블러드문이 떴다 · 42

잔존기억 · 44

결벽증 · 46

진화일기 · 47

불치 · 48

오늘의 5분 · 50

사분의자리 · 51

동유럽 패키지 여행기 · 52

몽유(夢遊) · 54

편지 PS · 56

제3부

자기, 격리 · 59

라섹의 세계 · 60

해리성기억장애증 · 62

주머니에 손 넣고 뛰지 마 · 64

맞습니다, 종로3가역 · 66

우연한 사실 · 67

지리산 한달살기 · 68

허밍 · 70

낡은 춘곤(春困) · 72

퇴고 · 74

고양이 낮잠 · 75

호접문(胡蝶紋) · 76

사계 · 78

제4부

파흔(波痕) 2 · 81

고양이말번역기 · 82

낙타의 눈물 · 84

야, 행성 2 · 86

고백이 잠든 사이 · 87

7월 수국 · 88

낙타 귀환 · 90

다시 떠오른 달 · 92

튜토리얼 · 93

석양은 아직 · 96

파흔(波痕) 1 · 98

엘리스의 어린 왕자 · 100

코기토(Cogito) · 102

해설 죽음에 기투하여 '미제'를 채워가는
　　　기억의 언어 · 103
　　　　염선옥(문학평론가)

제1부

슬픈 진화 1
— 연옥*에서의 하루

오늘은
남극 빙하가 녹는 속도로 해가 진단다
당신이 좀 더 머물길 바라며
내 뜨거운 숨을 두 번 더 참았다면
어제보다 오늘이 더 길어졌을까
날개를 내주고 다리를 얻었듯
어떤 직립은 꿈을 버리는 거다
그러니 인사는 생략한다

---

*그쪽과 저쪽 사이 여기 어디쯤.

잔혹한 천사의 테제*

인간을 사랑한 천사는
추락한다
아니, 추락해야만 한다

가끔은 세상도 공평하면 좋겠다

*

불시착한 아폴로 11호
사실, 달로 가고 싶었던 게 아니었을 수도

아까 출발했다는 배달음식보다
먼저 도착한 택배에는
적도에서 온 눈사람, 이라 적혀 있었다
한 컵 분량, 젖은 상자가 던져진
배고프게 난감한 저녁
사실, 수신인이 내가 아니었을 수도

*

물론 겨울은 북서풍이다, 그리고
언제나 예보보다 체감온도는 더 낮았다
그래서 귀가하는 모두가 다 지친 거다
그럼에도
가끔은 기막히게 아름다운 노을이
고양이를 두 발로 서 있게 한다

목젖 아래에 뭉친 울음들
삼키기 힘겨울 때마다 주문처럼 중얼거린다
간단한 것이 답이다
너는
없다

*

잠깐 한눈판 사이
파삭,
시멘트와 신발 사이
부서지는 지난 계절의 매미껍질

맹렬히 짝을 찾던 울음들
이명이 되어 계절을 서성이건만
고작 이런 끝인가

불 꺼진 대합실에 앉아 있다
이 겨울이 가기 전
더 멀리로 가는 기차를 탈 것이다

*

이상─〈날개〉's 마지막 한 줄

*"테이프가 끊어지면 피가 나오.
생채기도 머지않아 완치될 것을 믿소, 굿바이"*

그래,
이제 진짜,
굿바이

---

*일본 〈에반게리온(エヴァンゲリオン)〉 OST.

낙화주의
— 도플러 효과

다가올 때보다 멀어질 때 더
낮고 깊게 폐부를 찌르는 소리 현상
때문에 태양을 돌다 사라진 혜성의 진동으로
지구의 모든 벚꽃이 떨어지는 건, 당연
비가 들이치는 카페 창가에 앉아
굳이 책을 꺼내 읽는 나,
사방으로 젖어 들어가는 종이,
번졌음에도 제 뜻을 쥐고 있는 문장,
마르기를 반복하는 하늘, 그 너머로
멀어지는 너, 는 더 집요하게 공명한다, 과연
흩날리는 꽃잎을 잡으면 돌아올까
— 혹, 잡을까 조심조심

이상하게 슬픈 파랑

파란 하늘은 붉은 노을보다 파장이 짧다
이 지상의 모든 짧은 것들은 다 가볍게 잊혀야 한다

귀 뒤쪽 파란 혈관 따라 가득 고인 당신의 속삭임
돋으려 꿈틀대던 날개가 젖어 주저앉은 몇몇의 계절
당신이 스쳐 간 모든 자리가 술렁거려
꿈이 아닐 수 없어 꿈이었던 나날들

여전히 모를 일이지만
마음이 넘쳐서, 그때는
꿈꾸는 중이라고 말하고 싶었어

지상에서 잠시 반짝이던 나의 여행자는
저 어디쯤에서 다른 혜성으로 갈아탔다는
소식을 전해왔다, 그럼에도
당신의 베개가 여전히 따뜻하다는 건
아직 나와 같은 꿈을 꾸는 탓일지도

질척거린 마음 덕에

피기도 전에 썩어버렸으니
당신 말대로
오래 기억된다는 건 피곤한 일일지도,

성급하게 베어 문 사과껍질은
쨍한 칼날이 되어 잇몸을 파고들지
노래를 부르다가 꺼져버린 촛불처럼
우두커니 앉아 지나가는 시간만 쓰다듬을 뿐

오로지 아름답기 위해
그렇게 바람, 파란 하늘을 닮았던

당신, 이쯤에서 저물어도 된다

귀환궤도

지구의 자전을 거스르니 어제가 반복된다

이곳은

5월에도 손톱만 한 우박이 쏟아져 내리고

그럼에도 봄꽃이 흐드러지게 날리며

여기저기 비린내가 진동하는

제멋대로 봄이어서 어지럽다, 때마침

자유로 옆 임진강 철새도래지는 거대한 우주다

막 온 놈들과 이제 갈 놈들이 뒤엉켜

돌아볼지 모를 각자의 궤적을 새겨놓고 있다

정착하지 못하는 생은 보는 것만으로도 쓸쓸하다

내보이기 변변치 않은 마음인 터라

지척에 두고도 내내 질척거리는 발걸음처럼

쓸쓸하다, 중얼거리면 더욱 쓸쓸해져

이곳은 틈틈이도 붉고 축축한 석양인가 보다

우리 종의 사인(死因)은 모두 고독이다

1.
몹시도 춥고 낯설었으며 다리를 절었던 지친 날들이었다

2.
당신은 아내를 그렸고
난 당신을 시로 쓰던 계절이었다
그래서 낡아빠진 환절기엔 쇳가루가 날렸고
비염이 있는 나는 골방에 틀어박혀
내내 지난 연애를 되새김질만 했다
후각을 마비시키지 못한 기억은
입천장과 목구멍 사이에 걸려
불편한 어금니를 뽑아내도 삼켜지지 않았다
결국 우리는
삶의 환멸보다 연애의 무의(無意)로 목 졸려
사망할 것이다

3.
손가락 뼈마디를 비틀어 꺾으면

한밤중에만 들린다는 연꽃 펼치는 소리가 난다
잘 구워진 생선 눈알 터지는 소리와 닮았다
타노스가 자식을 뜯어먹는 그림 앞에서
난 당신이 뜯어먹고 있을 하루를 시로 썼다
오늘은
눈에도 보이지 않는 초미세먼지주의보로
다시 골방으로 들어가 문을 잠갔다
내가 비염을 가지고 있는지 비염이 날 가두고 있는지
자물쇠는 문 안에도 문 밖에도 있었다

4.
가끔씩 흐리고 자주 안개가 끼던 계절이었다

움켜쥘 심장이 하나뿐이라 쓸쓸한 거다

지구 반대편으로 지는 태양은
무조건 아름답다
보지 못하므로
낡은 전설이 신화가 되는 것처럼

오늘도
어디선가 꽃은 피었을 테고
―사랑해
눈물이 난다면
그 고백은 마지막이 된다

결박당했던 계절
무릎 꺾였던 하루
가끔이었지만
어떤 무료함은
다른 연애가 되기도 했다

만 년 전 혜성의 불시착으로

아직도 헤매고 있을 당신에게
눈물 없이 마지막일지 모를 고백을 보낸다

다행히도
궤도는 관성이고 귀환은 필연이듯
나의 기다림은 유한할 테고
되풀이되던 기억도 낡아갈 테지

끝내 외지인으로 남을 이번 생이라면
망각함으로 안녕을 완성하련다

슬픈 진화 2

성급하게 밀고 들어오다
문틈에 끼어 검게 멍든 손톱
조금씩 자라나 깎여나갈 때까지
그 긴 기다림의 시간은
오롯이 내 후회가 된다

꾹꾹 눌러쓴 어린 일기장처럼
뒷장까지 자국이 나버린 연애 끝은
끈적거리는 핸드크림을
얼굴에 바른 기분이랄까

사실 지상의 모든 생물은
살아가고 있는 것이 아니라
죽음을 미루고 있는 중일지도
무심한 듯
아주 치열하게

그러니

내 다음 진화는 너보다 먼저
이 세상을 탈피하는 것
꼭 기억할 것

비명을 지르며 내리던 폭설 사이
빼꼼히 곁눈질의 달빛이
바다 위로 쏟아지는
이 어이없도록 멋진 장면이여

굿바이, 나의 울트라맨

7층 병실 창에
4억 6천만 년을 지나온 바람이 머문 오후
왜 4억 6천만 년이냐고 묻는 당신에게
발음이 좋아서, 라고 짧게 답하려다
인도 비슈누의 어젯밤 꿈에 대해선지
우주 빅뱅이론에 대해선지 떠들며
애써 길게 대화를 이어나가는 우리
창문으로 느릿하게 불어오는 햇살 아래
종일 베갯잇에 흩어진 머리카락을 집고
한걸음이라도 빨리 출발하고픈 당신과
그 한걸음이라도 늦추고 싶은 나 사이
앉을 곳을 찾지 못해 서성이는 밥상
바람 속 잉태돼 이곳에 뿌리내린 것들 중
오롯이 내 것은 없었다며 엷은 미소의 당신에게
그래서 서둘러 바람이 되는 걸 꿈꾸냐고
묻는 대신 식은 국만 휘휘 젓는 나
4억 6천만 년 전부터 얹어진 염원을 끌어모아
버석거리는 당신의 얼굴에 정성껏 펴 바르고

굳이 잠근 문틈으로 비집고 나가는
당신, 이편에서 저편으로
이사 가는 날

안녕을 곱씹는 하루
— 2022년 6월 30일 일기

1.
아버지의 사진 앞에서 아버지를 모르는 사람들이 줄 맞춰 인사를 했다 누구를 위한 안녕인가

2.
여지없이 죽음에 대해 말해 달란다 어제를 기억하는 일은 살아남은 사람들에게 남겨진 의식이다 안정된 재생을 위해 잠시 침묵, 목소리의 높낮이와 한숨과 쉼표, 말줄임표를 적절하게 배합해 낸다
막 부쳐낸 동그랑땡을 입에 넣으며 저런, 에고,

입으로 들어가다 턱밑으로 흘러내리는 빨간 육개장 국물을 핥아먹고 싶었다

내내 배가 고팠다

3.
이름도 낯선 몇 번의 의식이 진행되었다 처음이라 모릅니

다 이쪽으로 서세요 나오세요 인사하세요 안녕히 가세요 하세요

안녕(安寧), 은 안녕을 위한 인사다
안녕은 염원이고 기원이자 재회의 약속이다
실현될 수 없는 외침은 무의미한 의식일 뿐이다
그러므로 난 안녕, 하고 싶지 않았다

내일 일은 내일로 미룬다

진단명: 무화과 향에 반응하는 공황장애

진단은 증상을 생성하곤 한다
무섭지 않습니다
무서울 텐데요
그렇군요 그럼 무섭습니다, 처럼
온몸을 덮쳐 흐르는 공포의 근원을 찾으세요
어제 세일 하던 뭉그러진 과일 때문인가
뭉그러진 건 시간인가, 뭐든 되돌릴 수 없다
젖은 상자를 안고 화장실로 뛰어갔다
화장실 안에서 같은 향내가 났어요
문 밖의 전 또 소름이 끼쳤습니다
소름이요
네 온몸의 털이 다 빳빳해지는 소름이요
털이라, 심각하군요
자, 숨을 참고 태양을 따라 궤적을 그려보세요
숨이 막힙니다
화장실과 잠긴 문과 태양의 질식사라, 알겠습니다
더 궁금한 게 있나요
여긴 3130호인데, 4층이더군요

보이는 게 다는 아닙니다
다음엔 안과에 가봐야겠습니다

밤새 열심히 꿨던 꿈이
단 한 자락도 생각나지 않는다
이젠 어디로 가야 하나

(자, 따끔!)

봄날

구청 노인정과 어린이놀이터 사이
오후 4시의 낙하
정신없이 쏟아지는 빛의 투신
자연사는 신의 축복인가
잔해들을 비집고 날아오른 날벌레 떼
현란하게 만든 공중 소용돌이는
짝짓기를 가장한 죽음의 군무이다
간혹 배달 오토바이와 앰뷸런스가 지나가고
이곳을 떠나거나 혹은 자장면을 비비거나,
무리를 빠져나온 한 쌍
분주히 내 귀 옆에서 윙윙거린다
밟혀 반만 꿈틀대는 애벌레, 그보다 더
벌레스러운 욕망에 경의는 표하겠다만, 짝!
단 한 가지, 생의 목적을 가진
입이 없는 하루, 살이, 들
한 종족의 사인(死因)이 모두 아사(餓死)라니,
이 얼마나 단출하고 부러운 종말인가

제2부

임씨표류기

가령
기도합시다, 동안 유목하는 시간
보폭만큼 넓어진 당신의 침묵과
오수에 든 지구의 자전 같은
무중력의 쓸쓸함으로 가득 찬 그곳
빛을 사랑해 소멸해 버린 그림자 속으로
결이 다른 당신을 만났던 그 한 계절은 사라지고
다시 약속 없이 느려진 오후 5시와 7시 사이
결국 이륙 즉시 흔적을 지우는 발자국처럼
당신은 기억되지 않는 기억이 되고
그 위로, 아무렇게나 흩어지는 봄꽃들
낡은 고독과 변변치 않은 무료함까지
손에 꽉 쥐고 있다가 어느 쯤엔가 놓쳐
찾을 생각조차 잃어버리고 만
그 짠한 설렘들
토닥, 토닥이다 시큰거리다
아, 아멘

기도할 줄 모르는 자의 오후

태양이 넘어간 그곳을 한동안 바라봤다
한 번도 같은 적 없는 어둠이 반복된다
지루하지 않으려 하루의 밑바닥을 문지르니
한 편에는 기를 쓰고 버티는 곰팡이와
다른 한 편에는 떠날 준비를 마친 여행 가방이
지난 하루의 마디마디를 쑤서댄다
못 이기는 척
살아내며 아물었던 상처들이 벌어진다
질서정연한 틈새로
새어 나오는 짧은 한숨
드러나지 않으면 없는 거라 다독거리다가
소식이 없다면 잘 지내는 거라 자조한다
어둠 속에선 유독
수국 피는 소리가 문란해
문을 살짝 열어두고 엿들었다
어딘지도 모르게, 그 어딘가를 향해 외치는
독백, 혹은 솟대에 앉은 새의 비명
너머로

다시 여위어 가기 시작한 달이 뜬다
오늘 밤이 마지막인 생명에게
어제 빌었던 소원이 이루어지길
제발, 이라고 말하면 들릴까
슬그머니 두 손을 모으며
수국 향이 짙어진다

가지 않은 길

프루스트*, 당신은 후회하지 않는지

  당신은 잃어버린 마들렌을 찾으러 길을 떠났다. 하필 마들렌을, 입에 넣자마자 녹아버려 어디에도 없는 걸 어디서 찾겠단 말인지. 당신이 걸어간 길은 칠칠치 못한 배수관처럼 울컥대는 혹시와 역시들로 연거푸 덮이고 가려진다. 접힌 기다림의 파편들이 흩날리며 간혹 얼굴을 때리고, 젖은 몸은 쌩한 아픔으로 쉽게 마르지 못한다.

  폭설보다 잔설에 젖은 몸은
  더 깊이 얼어붙는다는 걸 아는지
  기다림은 중첩될수록 포기하기 어렵지.
  한시적 열망과 망각된 약속, 고작
  금방 녹아버리고 말 것들
  (이미 녹고 없어졌을지도)

  당신은 뒤를 돌아보지 않겠다고 했다. 드물게 올라오는 트림에 입을 맞추는 환영받지 못한 일상을 살아가겠다고 했다.

허공을 디디며 허우적대는 꼴이란. 내 손을 잡아주지 않는다면 나 역시 손을 쥐어주지 않겠다 다짐했건만, 당신이 찾고 있었던 그 마들렌이 함부로 뒷걸음치던 그 길의 석양이 하, 야속해, 후, 돌아서 버린 이 밤 역시 불, 면

---

*마르셀 프루스트,『잃어버린 시간을 찾아서』.

어젠 블러드문이 떴다

이번엔
파장이 긴 붉은색에 대해 말하고자 해
개기월식 끝나는 그, 순간까지
지구 대기를 통과하는 마지막의 마지막 빛이지
떠나오기 전에도 말했지만
검은 그림자 안에서도 빛을 잃지 않는
끈질긴 기억만큼이나
생을 흔드는 집요함은 없어

붉은 달이 뜨는 날
지상의 모든 기도는 붉게 타올라

홍조는 무슨
어떤 색으로 발광하든
보름달은 두 손을 모으게 해
지상에 머물며 내 오랜 습관이 됐지
나약한 의지가 들키겠지만
소망하는 건 그만큼 얻기 힘든 거니까

마치 첫사랑처럼
끝내 내 것은 아니겠지만, 그래도 내 것이길
마음이 차더라도 쉽게 기울지 않길
그 마음에 치이며 흔들리지 않길

가던 길이 갑자기 뚝, 끊기진 않겠지만
발밑 조심, 작은 돌멩이에도 넘어지던 당신
이제 혼자서 중심을 잡아
달은 또 뜰 테고
기도는 계속되어야 하니까

잔존기억

나를 스쳐 간 행성들이
우주 귀퉁이마다 알알이 박혀 통증이 된다
지금은 참을 만하다고
쩡

오로라의 메일을 받고 북쪽으로 달린 지
27개월 753시간
어떤 날은 흔들기보다
돌아보게 하는 바람이 불었고, 사이사이
우주 일부분이, 때론 전체가 뒤척였다

나이아가라폭포로 가는 길엔 지난겨울이 가득했다
캐나다 국경 근처에 사는 아들 둘 가진 어린 부모는
낯선 쓸쓸함은 쉽게 길들여지지 않았다고
온몸으로 울어대는 하루를 다독거리느라
밀려가는 계절에까지 마음 쓰지 못했다고, 그럼에도
이쯤 살고 보니 봄에 뒹구는 눈 얼음도 반갑다고 웃는다
참,

어려서 혼자가 된 친구는 밤바다를 만났는지 궁금하네
비가 오다 말다 다시 오던 그날
젖지 않아도 모든 게 묵직하다던 친구는
홀로 그 섬에 남아 내게 손을 흔들었다
꽃나무로 가만 서서 바람과 놀다가
문득 뿌리처럼 물구나무를 서면 지루하지 않다던
친구는, 그 밤바다가 춥진 않는지

시작이며 끝인 밤과 낮, 그리고 오로라
언제쯤 만날 수 있는 건지
통증은 밤이 되면 더 심해지는 걸 아는지
아직은 참을 만은 하지만,
쩡

결벽증

오늘은
왼손과 악수를 하겠습니다

생을 빗겨 마주하지 못한 이들을 향해
드물게 쥐어줬다 물렀던 겸상의 행복도
턱없이 부족했던 술잔 속 낭만도
한 발 물러나겠습니다

보이지 않은 가시가 박힌 손톱 밑
당신인가, 똑, 똑, 잘라내도 쓰립니다

온 길을 서둘러 돌아가는
바닷물의 쓸쓸한 습관 덕에
달빛은 이 밤도 차갑나 봅니다

헤어진 지 오래
이제야 떠나주어 미안합니다

진화일기

공룡은 사라진 게 아니라 나비가 되었듯
기억은 서랍 두 번째 칸이 되었다

우연한 질문과 쓸쓸한 고백 같은
아무도 듣지 못한 천둥 번개 닮은

놓지 못한 말들이 밤마다 울컥댄다
맨몸으로 눈밭을 뒹굴면서도
당신의 안부가 궁금할 때가 있었다

저 멀리로 바다가 되었다는 전설은
짧은 하룻밤의 뒷담화가 된 지금

별을 세다가 밀려오는 허기를 본다
무심하게 툭, 닫아버린 서랍처럼

불면의 이명은 자전처럼 익숙해져
좀 더 자주 당신을 잊을 수 있을 것 같다

불치

눈 말고 비 내리는 오대산
기억보다 묵직한 허리통증 때문에
일상이던 네게서 잠시 떠나간다
손끝에는 시린 바람으로 가득 차
후, 입을 모아 뱉는 허연 입김
펭귄을 찾으러 간 북극곰이
적도 부근에서 주저앉았다는 문자가
그럴 수도 있겠다, 고 읽힌다
닿지 못해 끝없이 되새김질 되는 어제들처럼
잠시라도 잠들고 싶지 않았다던 낮달이
지루한 미련을 닮은 네 생이었다면
하루의 밑바닥에 엷게 낀 이끼에도
그저 중심 없이 미끄러지는 건
내 생이었다
건너편 구름이 이편으로 밀려와
들고양이 등을 타고 처마를 건드린다
떠나지 못한 지난 나뭇잎으로 사부작대며
대략, 그렇게, 한사코

발가락 사이 간질이는 풍경 소리
그리웠다 말하면 전해 들을까
입을 틀어막고 울고 있는
이토록 슬픈 생들이
천천히 오래도록 통증이 된다

오늘의 5분

당신이 떠나간,
오후 4시 30분이면 여지없이 하품이 나온다.
약간 출출하다고 느낄 때, 커피를 마실지 차를 마실지 고민하며 어지러운 책상을 훑을 때, 몇몇은 저녁 약속을 잡느라 분주하고, 잠깐 눈을 붙일까 해도 쉽게 잠이 들지 않는 그때, 바람만 불어도 살짝 얼굴을 붉히던 당신이 떠오른 4시 31분이 지나고, 4시 32분엔 부산행 KTX에서 도시락을 꺼내 먹을 수 있다는 말을 들었고, 그 도시락들의 온기를 더듬으며 4시 33분이 지나면, 저 지구 뒤쪽 어딘가에선 유성이 떨어져 사라졌겠거니, 그때를 맞춰 알지 못한 누군가는 이 지상을 떠났겠거니, 4시 34분의 당신은 이제는 꽃이 피는 계절에도 쓸쓸할 것이라고, 고로 오늘만은 잠시 멈추고 당신을 위로하는 바람이 불겠거니 하다가,
  4시 35분, 다시 하품

사분의자리*

날짜가 필요 없는 일기장에
어제와 같은 오늘이 박혔다고 방심한 날

불 꺼진 거실에서 텔레비전과 낄낄대다가 더듬더듬 찾아가 냉장고 문을 연 순간 쏟아져 박힌 빛의 파편에 눈이 멀어 꼭꼭 숨겨둔 슬픔에 목놓아 운 밤 마른미역을 담은 양재기처럼 제멋대로 차고 넘쳐나는 것들을 피해 숨찬 길에서 벗어나 스스로 멀어지다가 결국 되돌아와 쓸데없이 욱신거리는 기억들

유통기한 지난 우유 팩을 열었을 때나 뚜껑이 내려져 있는 공중화장실처럼 난처한 동공을 굴리며 타살과 자살 사이 그 어디쯤 엎어졌다 다시 일어나기를 반복하다가 쏟아지는 유성우로 점령당한 하늘을 본다 지상에 도달하기 전 소멸하는 다시없을 황홀한 빛의 장례식

---

*사분의자리(Quadrans Muralis): 1795년 프랑스 천문학자 제롬 랄랑드가 발견한 별자리. 큰곰자리의 꼬리 근처, 목동자리와 용자리 사이에 끼어 있는, 여전히 오늘 밤하늘에는 있지만 기억하지 않는, 별자리 아닌 별자리.

동유럽 패키지 여행기
— 슬로베니아 블레드(Bled)에서 박성우 가이드와 함께

오늘도 버스는
알프스산맥을 넘어간다
귀가 막히다 시원해지다 물사레 걸리다
창밖은 평온하게 비와 눈이 바꿔 내리고
또 도착이 늦어질 거라 문자를 보낸다

그가 사랑하는 장면은
태양이 알프스의 눈동자 위를 노 젓는 시간
어떤 절벽 끝 멋진 성의 성주는
용에게 공주를 내어주고 천 일을 울었다지
—당신을 내어준 나는 얼마를 울어야 할까
그럴싸한 이야기조차 없는 평범한 호수마을에
무슨 이유로 그의 마음이 붙잡혔을까
동공 속 교황의 종소리와 뜨거운 와인, 그리고
아, 긴긴 겨울밤, 이 극야(極夜)의 시간들이여

여행 가이드인 엄마를 이어
아들도 유럽여행 가이드가 되었다

버스 마이크를 들고 있는 그의 어린 밤은
창문에 턱을 괴고 석양을 세었다고 한다
함께 공을 차던 친구들이 가버린 텅 빈 길 위로
기억 속 엄마는 언제쯤 나타나셨을까
창문에 주렁주렁 열린 아들의 얼굴을 밟느라
엄마의 귀갓길은 늘 숨찼겠다며
그는 담담하게 자조하듯 기억을 독백한다

여전히 버스는
산을 뚫은 터널, 눈 덮인 풍광
그 사이사이 엇갈리는 석양을 세며
소년에서 청년이 된 기도는 고해성사가 되고
여행자들은 일제히 눈을 감고
잠든 척, 빈 길의 어린 밤을 생각한다

몽유(夢遊)

꿈인 걸 안다면 꿈인 건가
손가락을 세워 허공에 그으면 별자리가 된다
양의 심장을 지나 황소의 뿔 끝을 훑다 보면
내 하늘엔 없고 네 하늘엔 있을지 모를
그것과 만날 것 같은 기대감이 차오른다
훅, 익숙한 향에 빠르게 고개를 돌린다
하늘에서 지상까지 시야 어디에도 없다
너일지도, 아니 누구도 아니었을지도
흔드는 것인가
흔들리고 싶은 것인가
코끝 잔향이 어깨에 새긴 나비 문신을 간질이다
다시 눈꺼풀을 꾹 눌러 감으면 꿈틀대는
나비, 혹은 꿈같은 꿈을 붙잡는다
검은 우주를 뒤덮을 아주 커다란 꿈을 꾼다면
깨어져도 깨어나도 남은 조각들은 클 테지
그중 크고 무딘 조각 하나 고르고 골라
모른 척 가슴 깊은 곳에 남겨두어
모든 계절의 밤하늘에 내내 우러나오게 할 거다

바다 끝 붉게 삼켜진 별들이 할퀴고 간
이 깊은 생채기 따윈 곧 익숙해질 거다

편지 PS

내게 무릎을 접고 등을 내어준
첫 낙타에게
당신을 소개시켜 준다 약속했지
같이 동봉해서 보내니 잘 보살펴주길
그저 끝인사가 서툰 것이니
사막의 호흡에 맞춰 기억은 가로로 접을게
급히 올린 지퍼에 한쪽 하루가 껴버렸네
기다렸겠지만, 나
이 고요 속에서 좀 더 머무르려 해
달은 여전히 한 개고
능소화도 때맞춰 피워주니
당신의 남은 하루도
부디 평온할 거야

제3부

자기, 격리
— 현지에게

멀리 떠나온 내가
더 멀리로 떠나간 네게 쓴다

오늘 나를 흔들던 생각들로 내내 절름발이
뒤척이던 어젯밤

이 지상에 묻힌 별의 쓸쓸함에 대해
왜 한사코 저물어들 가는지

오랫동안 브레이크를 밟고 있다는 것
되돌릴 수 없다는 것

한결같다는 건 마침내 묻게 한다
늘 피어 있어도 꽃인 건가

내가 서 있는 이곳에서
보내지 않고 다만 오래오래 쓰다듬는다

라섹의 세계

이제
너의 노을빛은 어떨까
궁금해

지구의 노을은 붉은색이지
숨 쉬는 게 죽도록 귀찮았던 날
한 번 꾹 참고 내쉬다가 만난 하늘이었어
부서진 조각 하나도 네가 아닌 게 없었지만
혀끝으로 불편한 하루가 걸어 나간 고마움이지

화성의 노을은 푸른색이래
미안하지만, 사실은 배가 고팠던 거야
네가 손가락을 세워 허공 어딘가를 쿡, 찌르며
텅 빈 미소를 지을 때도
이제는 닿지 않을 그리움 같은 그날 역시
오랜 허기가 되었던 거지

네가 늘 궁금해했던

내 노을빛이라, 생각하다 보니 좀 쓸쓸해지네
떨어진 목련꽃을 몇 번이고 밟아
누렇게 아니, 봉숭아물처럼 진물이 난
늙어버린 폐경혈 같달까
어디로든 다시 피어오를 수 없도록
잘근잘근 씹어진 친절함이랄까

남겨진 건
불필요하게 각 맞춰 놓인 대중탕 수건들
배이지 않게 잘 피해 허물어진 하루 끝
그 수고로움의 빛과 숨죽여 한 잔,
한 잠

해리성기억장애증
— 코르샤코프증후군 3

> 불필요한 시간의 기억을 임의적으로 지움으로써
> 쾌적한 아침을 맞는 놀라운 자기 보호력

지구에서 이미 사라져 버린 수억 종을 만나기 위해
나는 매일 밤 수많은 우주의 길을 헤맨다
우리의 진화는 선택이 아니었다

어제는 사막여우에게서 오아시스가 출렁거렸다
그녀는 원시전갈꼬리독과 낙타 연애의 잔해들을 잔뜩 섞어
퉁퉁 울리는 내 빈 하루에 가득 부어주곤
다시 사막으로 떠났다

사라졌다고 믿는 것들과 끊임없이 반복되는 것들
불린 이름들과 걷다 되돌아볼 목소리들 사이
이내 뚝, 틀어져 버린
기억의 띠

이곳에서 멀리로 증발했다는 당신과 재회를 꿈꾸며

밤새 여우 꼬리를 달고 우주의 길 위에서 수작을 걸었던가
면역이 없는 기억은
역시, 치명적이다

위장 속 발효되지 못한 어제가 끊임없이 꿈틀거려
묵직하게 누르는 아침의 신기루성 허증(虛症)
한 국자 푹 덜어내어 1g쯤 가벼워지고 싶다가도

다시 진화하는 오늘
나는 또다시 잔을 채우며
오랜 멸종을 꿈꾼다

주머니에 손 넣고 뛰지 마
―난치병

습관이란 참 무섭지
강물에 뛰어들기 전에 꼭 신발을 벗거든
왔던 길로 서둘러 돌아가는 파도 거품처럼
차창 문을 내리면 한쪽 얼굴로만 바람이 들이치지
아니, 라고 대답하던 아이가 네, 라고 말할 때 소름
왜 어디 아프니, 자, 아니, 라고 해봐
고요한 밤바다의 공포와
깔끔하게 정돈된 한강 다리 위의 낯섦
그리고 문 옆에 놓인 여행 가방과
언제든 박차고 나갈 수 있게 문을 열어놓는 것까지

사실 습관은 하필, 이란 것에 무너지기도 해
자는 얼굴 위로 떨어진 바퀴벌레같이
하필, 그 넓고 많은 인연들 중에서
내 낡고 지친 하루 끝에서 멈췄는지 같은,
세상엔 건들면 안 되는 것들이 있다고
민들레 씨앗을 닮은 웅크린 송충이 같은 거
하필, 철새 떠난 자리는 서성이는 게 아니야

슬프고 부질없는 습관은 지질한 연애가 된다고
막연히, 홀로 지는 석양을 바라보다
상처로 남은 기억 한 자락을
굳이 소금물로 쓰라리게 씻어내는 것까지

맞습니다, 종로3가역

　장맛비 속을 빠르게 걸으면 온몸에서 지구의 눈물이 흐른다. 눅눅하게끔 고작 일개 환승역일 뿐인데 우연으로라도 평생 만나지지가 않는다. 엇갈렸을까, 하다가 발아래서 뿜어진 바람에 뺨을 세차게 얻어맞았다. 욱신거리는 기억 속에서 안부를 물어줄 당신은 비닐커버를 씌우지 않은 내게 눈살을 찌뿌렸다. 대신 나를 스치고 떠나는 것들과 남겨지는 것들 사이 잊히는 것들과 버려지는 것들 사이에서 역을 걷는 모든 우산이 나와 함께 울어주었다. 오늘의 고마운 일이다, 라고 일기에 써야겠다. 오호츠크해 기단이 포기하지 않는 한 이 장맛비는 계속될 것이다, 는 예보에도 불구하고 누군가는 서둘러 역을 빠져나가고 누군가는 우산을 접으며 옷소매가 젖어버렸지만 갓 구워낸 빵 냄새 가득히 시장기를 자극하면서 길 잃었던 오후는 다시 제자리로 와 저물고 있다.

우연한 사실

잊었을까
입추 지난 바닷물엔 들어가지 말라 했던 말
여름내 뭍으로 오르려다 되돌아간 너울들이
가을 허기를 틈타 오니까
미련한 것에 홀리면 답도 없다지
누군가는 꼭 부서져야 끝나는 연애
뻐꾸기가 울면 참깨 들깨를 옮겨심으라 했지만
그게 언젠데
난 뻐꾸기가 철새란 것부터 놀라웠었어
미처 자라지 못한 떡잎 따윈
젖은 흙으로 꾹꾹 눌러
다신 헛된 맘 따윈 품지 못하게 해줘야지
목소리가 점점 커지는 이유는
감추고 싶은 뭔가 있다는 거니 굳이 들추진 말자고
두어 번의 들숨과 날숨에 문득
잊히는 것도 축복이겠다 싶다가도
아직은 아니다 싶은
그래, 가을이네

지리산 한달살기

거기서 인월 쪽으로 우회전해

아니 직진해도 돼

돌아간다고 조급해하지 마

지연된 조우가 때론 반갑기도 하니까

희구한 일이 다반사인 지상

결이 다른 연애가 시작되기도 하고

혈관 속 상주하던 바람이

알을 까고 날갯짓하기도 하지

역류성 식도염은 앉아서 자야지만

밥을 먹는데도 허기와 갈증이 계속된다면

분명 하루가 숨찼단 거야

달이 쉬어가는 곳에서 한잔하자

나머지는 내일 가지 뭐

허밍

누구라도 눈빛을 나누고 싶은
서럽게 외로운 밤이 될 때
세상의 모든 선들은 연결되어야 한다
끊어진 것들이 홀로 뒹굴지 않도록

예고 없던 싱크홀에 발이 빠져, 끼익끽
고장 난 와이퍼처럼 생의 겉면을 긁어대도
몸을 뒤척이던 선잠의 밑바닥을
찰랑이던 목소리를 기억할 것

잠깐이라도 마주할 수 있다면

끝없는 백야 속 추락을 맛보며
진창길 위 균형을 잡는 위태로움 따위
약간은 안쓰러울 수 있겠다만은
버티다 보면, 그 역시 무뎌질지도

누구나에게 비극이 있고

그 비극에 섞이지 못한
다른 비극 또한 있던 나날들, 그럼에도
이번 생은 희극이었다, 적는다

지구의 자전력에 휘청이다가
입 밖으로 오래 맴돌던 가락이 툭, 팅기는
여느 날이 오지 않더라도
조금 느리게 저물어 주기를

그리고, 움켜쥘 것
살아 있다면 기억할 수 있고
기억한 자만이 그리워할 수 있음을

낡은 춘곤(春困)

놀라운 일이 일어났다
—사실 그리 놀라운 일은 아닐지도
꽉 잠겨 있던 창문이 턱, 열리더니
아무렇지 않게 계절이 바뀌었다

겨우내
우울증 약을 먹었다던 소설가는
서글프게 잔술이 찰랑댈 때마다
집요한 소음과 잡내가 그리웠다고 했다
살아내고자 연재했던 소설이 끝날 때마다
모든 언제들의 안부를 물으며
매일 밤 마지막인 듯 잠자리에 들었고
반복적으로 아침은 왔고
—다시 소설은 시작되었다고

나의 오늘 일기를 끝냈는데도
여전히 하늘은 붉은 석양뿐이었다
역사라고 말하기엔 작고

기억이라 말하기엔 거대하게 부풀었던
그런 한 계절의 여러 밤들이 지나가는 중
낮은 하품, 그 졸음의 어떤 밤은
낡고 무용한 것들이 튀어나와
쓸데없이 유연했던 기억들과 함께
없는 길을 만들어가며 걷는 일 따위
내 쓸쓸한 시간을 다독여주는
그들만의 위로법

문득 올려다본 하늘
별들의 떼죽음
어이없게도, 또 위로

퇴고
— 통점(痛點)

마감을 하루 앞두고
시를 고쳐 쓰다

자주는 아니었지만
소식을 주고받던 소행성은
지난밤 소멸되었다고, 똑똑

소멸을 가장한 자멸의 궤도 역시
태초부터 정해진 것인가

종이가 칼이 되어 만든 흉터는
틈만 나면 벌어져 쓰라리다

그때마다 남겨진 자들의
어깨가 서늘해지고

그럼에도 아직은 때가 아니라고
아린 시(詩)를 빌어 혀끝으로 고쳐 적는다

고양이 낮잠

늘 노을이 먼저 떠나간다

느린 기지개로 늦춰보지만
분주히 움직이던 오늘이
무심히도 총총 사라진다

동굴을 나갈 때까지 돌아보지 않는다면
다음 생엔 만나게 될까
가끔 시계를 보며 두리번거리는 걸
못 본 척 괜찮다 해준다면

짧은 낮잠 같은 생
그러니 아무리 피곤해도
작은 것들은 두 손으로 잡아야 한다

Si vales bene, valeo
당신이 잘 있다면,
나도, 잘 있을 것이다

호접문(胡蝶紋)
— 세렌디피티 2

어디에도 기록되지 않을 계절 끝자락

더듬이가 네 개인 나비를 만나다, 마침내
네 번의 전생을 거쳐 화석이 된 기억
날아오르는 찰나, 손바닥으로 꾹 눌러
오른쪽 어깨 위에 가둬놓는다, 그러므로

오늘의 연애는 무거워도 된다
입에 문 생선도 뱉고 담장을 넘고 싶을 때
끼룩끼룩 홀로 울어대며 둥지의 틈새로도
당신에게 닿을 길을 찾던 나였다, 여전히

웃으며 이별을 하는 건 힘겨운 일이지만
생의 선물처럼 기억 한 조각을 얻고 나니
습관으로 문질러대는 쓸쓸함 속에서도
남다른 위안들이 쏟아져 찰랑거린다

나비와 종일 뒹굴어도 아쉬운 허기

어떤 공생은 걷잡을 수 없는 무한증식으로
자가생식 끝에 자멸하기도 하지만
이 행성의 궤도가 늘 그대로여서 참 다행이다

사계

꽃이 지던가
꽃이 피던가

모든 사랑은 경계에 서 있다
아찔하게 황홀하다

나비 날자고 꽃 꺾던가
바람 불자고 나비 몰던가

그러나 뚝뚝, 붉은
동백꽃 떨어진 눈밭은 시리다

겨울의 비명(碑銘) 속에 묻혀
다시 올 리 없는 사랑, 그래도

꽃은 지고, 지고
다시 피어나고

---

*김선정 창작무용극, 〈사계〉 메인 테마시.

제4부

파흔(波痕) 2

지구상 어디에서도 벗어날 수 없는
중력처럼, 치명적인

이 밤
손톱을 세워 심장벽을 긁어대는
저 길고양이의 지독한 불면(不眠)이

당신의 무심한 혈관 깊숙이
전염되길

고양이 말 번역기

핑크 공룡 발자국에서 낙타가 잉태되었고
답하지 못했던 질문들이
밤새 잠 못 든 베개 위를 통통거렸다
내일은 더 멀리로 잊히겠다는 다짐

물론 관심 없었겠지만,
당신을 사랑할 때부터 나는
베르니케실어증을 앓고 있었던 듯하다
유창하게 보이지만 가닿지 않는 단어들의 나열
땀을 뻘뻘 흘리며 만들어낸 내 긴 고백이
당신에게 갔다가 무심히 되돌아와
무릎을 꿇린다

그런데도 늘 궁금했던 질문
(개새끼들은 짖는데, 나는 왜 우는 걸까)
하지만 다행인가
지상의 모든 문자가 내 것이 아니었으므로
내 독백 역시 당신에게 전해지지 않는 거라 치자

그러니 기억해 두길 바란다
(꼬리를 흔들면 만지지 말라는 경고다!)

대신 예쁜 방울 리본을 달아
쥐새끼 한 마리 물어다 신발에 넣어 둔다
(하필 내 신발이냐, 만큼 어처구니없게 왜, 너였을까)
박수 치며 고마운 것도 잠시
착한 것도 과하면 더 쉽게 익숙해지고 만다
때문에, 이 밤도 난 야행을 즐기며
이명처럼 당신의 낮에 서성일 고백들을
차곡차곡 잘 접어놓겠다

낙타의 눈물

낙타의 눈물을 본 적이 있다

인도 버스 안에서 냄새가 고약해 창문을 열다가
내 얼굴 바로 앞에서 낙타와 마주했다
그 첫 경험이 어찌나 황홀하던지
낙타 눈썹을 잡으면 깊게 새긴 죽음이 잊힌다던데
저건가, 가까이 얼굴을 들이민 그때
길고 긴 눈썹 사이 툭, 떨어지는 것
나보다 더 놀란 낙타가
내내 우물거렸을 침 한 바가지를
내 얼굴에 퉤, 뱉었던 거다
어찌나 끈적이고 양도 많던지
닦아도 앞이 보이지 않았다
버스 안 인도인들의 웃음이 노여워
눈을 찡그린 그때
그렇게 또 그렁,
한 방울 낙타의 눈물

옛날 전쟁터에서 장군이 죽으면 장군을 임시로 매장하고, 그곳에 어미 낙타를 데려와 어미가 보는 앞에서 새끼 낙타를 죽여 같이 묻는다고 한다. 전쟁이 끝난 후 어미 낙타를 데리고 그 전쟁터로 다시 오면 새끼가 묻힌 장소를 찾아 눈물을 흘린다고 하던데, 이토록 단단한 기억을 우물거리는 서글픈 생이라니……

야, 행성 2

고생대 원시림 사이를 걷는다
길을 잃지 않으려 자꾸 뒤를 돌아봐도
코너만 돌면 새로운 풍경이다
태양이 처박혀 불타오른 길
너머로 당신이 오기 전 늘 밤이 먼저 온다
다정할 수 있을 때 한껏 다정해지자고
손바닥 위에 동그라미를 그린다
머지않아 이 행성도 폭파될 것이다
어떤 죽음은 다른 행성에서 별이 된다고
나를 우파니샤드라 부르던 어린 새가
남쪽으로 날아간다

고백이 잠든 사이

씹다가 문에
정성스럽게 붙여놓은 껌이
떨어졌다, 쪽쪽
빨아먹지 못하고
아껴둔 단물에 내내
마음이 잡히다가도
덜렁이다 떨어져 나간 피딱지처럼
시원하게 아쉽다, 이쯤에서
모른 척 지나가도 무심하지 않겠다
당연하지만, 소름 끼치도록 끈적했던
당신은 내 모든 밤이었기에
내가 당신의 짧은 꿈이 아니어도 괜찮다
어차피, 차곡차곡 접어놓은 고백
아무도 듣지 못했으니
잠꼬대 같은 변명도 하지 않을란다
물론, 없는 당신을 익숙하게 오물거리다
혓바닥을 씹기도 하겠지만
보이지 않으면 아프지 않은 거다

7월 수국

올해 장맛비에선 묵향이 난다

쓸쓸할 때마다 바닥을 툭툭 차면
외면하던 하루가 또, 피어나고
그럴 때면 송이송이 조그만 미련들로
이 행성은 어지러진다
갑작스런 한낮의 푸른 소나기와
그 속에서 무중력의 고요
지극히도 절제된 석양의 풍광까지

나에게서 유기된 시구들이
한 봉오리로 엉켜 피어난다

피려다 이내 져버린 비릿한 기억
몇 번이고 되풀이되려다 검게 젖어 들어
또, 한 송이 떨어진 하루로 발끝을 잡는다
꽃잎을 세느라 놓쳐버린 당신
내 은밀한 비밀이 되어 내내 속삭이지만

꽃처럼 지고 피는 기막힌 아름다움 따윈
이 행성엔 없다

낙타 귀환

전생부터 흩뿌려진 유목의 아침을 지나
나붓한 비가 내리는 저녁을 걷는 중
어디든 키보다 높았던 담장
손이 닿지 않은 문고리가
고스란히 악몽이 될 때도 있었지만,
다시 없을 지난 계절로 기억하려 해

초경 때보다 잠투정이 짧아졌고
담 너머가 보일 만큼 키가 커졌고
사막 모래에 길들여진 속눈썹은
도시 황사에도 아주 유용하지
간혹 뒤척이던 밤이 그리울 때도 있지만
저기 어디쯤 떠돌고 있을 우주선의 잔해처럼
적막한 쓸쓸함과 술을 나누기도 하지

그믐달 종종이는 새벽까지
흔적을 중얼대는 습관은 여전해
혹, 당신은 듣고 싶은지

물론
태양으로 떠나라 풀어놨던 밤의 고삐에
여전히 마음은 묶여 있고
당신을 보낸 난 다시 고독해지겠지만

덕분에, 모든 계절이 환해졌어

다시 떠오른 달
— 그 월광(月光) 속으로

결이 다른 빛이 있다
은밀한 비밀을 닮은
하루의 바람이 지는 순간을 기다려
일제히 등불이 꺼진다
한낮 몸 틀던 대지, 우르르
뒤척이다 뒤척이다 엎드린 그때
눈앞에서 환히
떠오르는 달, 우렛소리
넓게넓게 비쳐지는 빛을 따라
오, 살아야겠다

---

*김수복 시, 「남해에서 1」에 답하다.

튜토리얼*

목을 가급적이면 쓰지 마세요
고개를 끄덕이지 말라는 건가요
말을 하지 말라는 뜻입니다
특히 큰소리치는 일 따위요
저, 교수인데요 학기 중이고요
안 들리네요, 조금 크게 말씀해 보세요

*

홀로 감당해야 하는 것들이 쌓인다
이를테면
생일날 아침에 받은 부고 문자 같은 거
생일카드를 접듯 시간 축을 반으로 접으면
시작과 끝은 동일한 점에서 만난다
다만 마주할지 등질지 정할 뿐, 이를테면
부의금을 챙길지 생일초를 꽂을지 정도

*

세상에서 유기된 테제는 불가항력적이다

정성껏 뜯어도 썼던 포장지를 다시 쓰기 어렵지
질끈 감아도 여전히 유효할 수밖에 없는 것들
숨을 다해도 생일초 한 개가 꿋꿋이 살아나는 것처럼

*

해가 지면 목에서 감자 깎는 소리가 난다
흉통과 가래는 덤이다, 핑계로
문 저쪽의 당신과는 눈인사만 건넸다
굳이 이쪽으로 건너오지 않는 당신
이때의 문은 대충 그어놓은 죽음 같다

*

오늘 밤도 길고양이는 비를 맞나 보다
청량하게 울리는 게, 상당히 부러운 소음이다
손수건을 접어 목을 두르다가
문득 굴러다니던 연필을 잡아 꾹꾹
당신과 문에 대한 기억을 적어 내려간다
가끔씩, 문을 열고 당신이 들어왔다 나가고

닫힌 문을 훑으며 서성이던 울음들이
가로등 아래 고였다 흩어진다

*

언제나 모든 문은 입구이자 출구이다

---
*튜토리얼: 초보를 위한 사용지침서.

석양은 아직

도무지 익숙해질 것 같지 않은 풍광이다

가끔, 혹은 자주일 수도 있지만
종일 뿌려놓은 말에 걸려 넘어지곤 한다

어떤 날의 중력은 닿는 면적에 비례한다
바닥에 붙어버린 몸을 좀처럼 떼어내기가 어렵다

또 어제보다 말이 많아졌다
입을 다물고 있었는데 목소리가 새어 나와
어느새 강이 되고 비밀인 척 무리를 지어 흐른다

어처구니없는 곳에 닿아버린
말의 따리들
모른 척 뻔뻔스럽게도 내내 집요하다

수신된 메시지 역시 발신자의 몫이다
시작점으로 되돌아오는 무덤 같은 거다

녹아내리는 태양을 혓바닥 위에 올려놓고
오물거리며 깊게 데이고픈

석양은 아직,

파흔(波痕) 1
— 12시간 25분*

예측할 수 없는 궤도가 산재된 우주에서
서로에게 해독되지 못할 암호들만 쌓이다가
행성, 파장의 길이가 짧아 푸르게 보인다는 이곳,
가던 길을 멈추고 첫정인 양 인력처럼 붙잡힌
당신과 나

고일 곳을 찾지 못해 발목만 핥다 이내 사라지는
그 찰나의 애틋함만으로, 공허한 밤과 무심한 낮
끊임없이 쪼개지던 파도 조각에 생채기가 난 자리
볼록하게 맺히는 핏물 잔상까지도 아껴 품게 된
하, 기억들

끼룩끼룩 홀로 울어대며 둥지를 트는 석양 아래
남겨진 것들은 철철, 붉게 흐르다가 깊게 파이고
서로에게 닿을 길을 찾는 분주한 저녁마저 따스하여
내내 그렇게 주위를 맴도는
푸른 행성과 그보다 작은 행성, 달의 힘으로

그렇기에 밀물과 썰물 중간 어디쯤에선
반드시 멈출 자리가 있어야 한다는, 물론
태양이 떠오르면 달의 상처 따위 가볍게 감춰지겠지만
한때 울렁였던 흔적만큼은 분명 아름다워야 할
것이기에

＊밀물과 썰물의 주기.

엘리스의 어린 왕자
— 다시 코기토(Cogito)

토끼가 뛰어간 길을 추적한다
꿈꿀 동굴을 찾아
순서대로 배정받은 석양도 함께한다
오늘도 의자를 고쳐 앉기는 글렀지만
도약과 추락, 점프와 하강을 즐기련다

잘 그려진 모자 그림에 해부용 칼을 들이대면
뱀의 내장과 코끼리가 튀어나오듯
항상 먼 곳만 보는 당신의 눈에 칼을 대면
죽어버린 시간들이 꿈틀댈 수도 있겠다 싶다
너무 멀어 만져지지 않을 때 한 잔 정도
스스로 비워지는 건 그대로 두련다

가닿지 않는 기도는 자유롭다
낡은 첫사랑의 이름을 입 밖으로 내보기도
먼지 쌓인 기억을 헤집어보기도
그럴싸한 표정으로 멜로디를 흥얼거리기도,
문득 사막과 낙타와 오아시스 중 가장 쎈 놈은?

첫, 입 큰 고양이, 장미꽃, 팡파르, 축제, 웃음,

함께 잔을 기울이던 서산 출신 광주댁은
오늘도 지리산에서 하루 세 번
동종 소리를 들으며 텃밭을 고르고 있다지
밤새 부지런히도 자라난 고추와 상추가 먼저
밑동이 싹뚝 잘려 아침 밥상에 오르는
그 애도의 잔도 대신 비워주겠다

두 손을 모으고 무릎 꿇은 어린아이처럼
오늘도 무사히 그러므로
이 밤과 베사메무쵸

코기토(Cogito)*

오늘은
젊은 수도승들의 꿈이 궁금해
꽃이 피는지, 그 꽃이 지는지
이미 끝까지 쌓아 올린 돌무더기
굳이 한 개 더 얹다가 무너진 자리에
바람은 부는지, 불어야 멈춰야 하는지
한 잔의 추억과 그 한 잔의 쓸쓸함까지
멀어지는 건 가볍게 잊히길
바짝 마른 계절이 펄럭이는 창
선명하다 희미해지는 이름 석 자
이 밤도 역시 입김 없는 빙하기

---

*코기토 에르고 숨(Cogito ergo sum): "나는 생각한다, 고로 나는 존재한다"의 약칭. 데카르트의 방법적 회의에서 이 진술은 절대적 진리로 데카르트 철학의 기본 명제가 된다. 개인이 최고의 주체라는 믿음을 반영하고 있다.

해설

죽음에 기투하여 '미제'를 채워가는 기억의 언어

염선옥(문학평론가)

1.

　삶을 종종 환영(illusion)으로 만들고 존재를 소멸이나 파멸로 이끌고서야 비로소 존재하는 '죽음'은 삶과 존재에 너무도 확실한 한계를 부여한다는 점에서 분명 부정적인 개념이다. 하지만 하이데거는 외려 이러한 죽음에서 삶의 충만한 의미가 응집될 수 있다고 믿었다. 임수경은 자신의 세 번째 시집에서 '당신'의 죽음과 부재가 남긴 삶의 흔적으로서의 고독, 그리고 주어진 '미제'의 삶에 대한 경쾌한 고독 사이에서 시를 써감으로써 이러한 하이데거의 명제를 실천한다. '당신'의 현존과 부재라는 경계를 부단히 횡단하면서 삶을 미세하게 관조해 가는 것이다. 이는 '나'가 죽음에서 삶의 충만한 의미를 되찾는 행위와 다름없을 것이다. 비록 그의 화자는 당신의 부재로 '우리 종의 사인(死因)은 모두 고독이다'라고 말하지만, "오늘도/어디선가 꽃은 피었을 테고" 그래서 "―사랑해"(「움켜쥘 심장이 하나뿐이라 쓸쓸한 거다」)라고 강조하지 않는가. 이러한 화자의 기록 행위는 당신을 현존시키면서, 옅어지고 잊혀가는 "당신의 안부"(「진화일기」)를 묻고, 끝내는 '당신'의 기억을 항구적으로 새기고자 하는 욕망을 보여준다.

　종종 '죽음'에 관한 사유는 '죽음이란 무엇인가?'라는 질문으로 시작되곤 한다. 가령 루카치는 『영혼과 형식』(연암서가, 2021, 247쪽)에서, 독일 옛 소설가의 소설을 평가하면서 "누군가가 죽었다. 무슨 일이 일어났는가?"라는 임팩트 있는 첫 문장으로써 '죽음'을 보편적 사유의 영역에서 개인의 특수 영역으로 옮겨왔다. 이 명민한 비평가에게 '죽음'이란 그것이 무엇이냐의 문제가 아니라 한 사람에게 닥친 유일하고도 특별한 사건이며 세계 내 진동이었던 것이다. 객관의 세계에서 죽음은 존재의 소멸을 의미하지만, 루카치에게 죽음은 주관의 세계에 있는 존재에게 닥친 하나의 사건이면서 '나'의 존재를 증명해 주는 이의 부재를 함의한다. 임수경에게 '당신'의 죽음은 삶 전체와 세계를 흔드는 특별한 사건으로서, 보편적인 철학적 사유에 우리를 도달하게 하면서 동시에 한 개인의 사사로운 세계로 우리를 안내해 가는 세계를 구성한다.

　임수경에게 '죽음'이란 그 점에서 부정적이거나 긍정적이라는 양자택일의 판단을 넘어선다. 기억을 매개로 과거와 현재, 미제의 시간 영역을 횡단하면서 '당신'의 기억과 목소리의 흔적을 간직하고자 펼치는 사유와 상상력이 놀랍도록 균형적이기 때문이다. 시인에게 죽음의 사유는 "사실 지상의 모든 생물은/살아가고 있는 것이 아니라/죽음을 미루고 있는 중일지도/무심한 듯/아주 치열하게"(「슬픈 진화 2」) 여겨진다. 이 같은 태도는 삶의 무게가 어느 한쪽에 치우쳐 있지 않으며 과거 전체와 현재, 미래의 것들로 총체성을 이루고 있음을 믿는 '해방된 시선'을 반영한다. 시인에게 죽음이란 시작과 끝을 동시에 형성하면서 전체적 윤곽을 드러내는 존재의 한 양식이다. 정작 시인에게 문제는 죽음 그 자체라기보다 '당신'의 부재와 그로 인한 고독이다. 당신의 부재는 '나'의 존재 증명의 불가능성이며 존재성이 부인당하는 일이기 때문이다. 그래서 시인은 부재의 흔적을 애써 봉합하려 하거나 죽음을 적대시하지 않는다. "완전한 소멸"(「시인의 말」)을 꿈꾸면서 오히려 죽음과의 결합을 수용함으로써 '나'를 구성해 갈 '미제'의 삶을 어떻게 결정지어야 하는지를 사유할 뿐이다.

  추상적 죽음이란 원래 없는 것이다. 죽음은 언제나 "당신이 스쳐 간 모든 자리가 술렁"(「이상하게 슬픈 파랑」)대는 구체적 사건이다. 임수경의 시는 죽음 이전 '당신'이라는 존재와의 관계를 사유하고 그 기억을 구체적 이미지로 조형한 결과물이다. 화자는 광휘를 뽑아내는 과거 속 '당신'이 존재와 부재 사이를 왕래하며 실존에 관한 철학적 사유를 배태시킨다. 인디언들이 거대한 우주에서 거미 한 마리가 죽자 거미줄 전체가 요동하는 것을 포착하고 존재자의 삶이 기실 '당신'과의 관계 속에 화석화된 역동적 궤적임을 파악한 것처럼, 임수경에게 '당신'의 죽음과 부재는 "우주 일부분이, 때론 전체가"(「잔존기억」) 뒤척이는 일이다. 시인에게는 '당신'의 "모든 게 움직임이라면 모든 게 사고(思考)"(폴 비릴리오, 『소멸의 미학』, 연세대학교출판부, 2004, 181쪽)가 되는 셈이다. 결국 임수경의 시는 "거대한 우주"에 "궤적을 새겨놓고"(「귀환궤도」) 소멸한 당신에게 "굿바이, 나의 울트라맨!"이라고 외치며 동시에 "완전한 소멸"(「시인의 말」)을 꿈꾸며 '미제'에 주목하려 한다. 시인은 첫 시집으로부터 "기억의 지층에서 시가 살아있다는 점"과 "기억하는 일의 아름다움"(한원균, 「네 기억의 살갗을 문지르는 욕망의 언어」, 『문신, 사랑』, 2010, 111쪽)을 탐구하였고 '당신'과 관계한 수많은 언어의 흔적을 보여준 바 있다. 끊임없이 기억을 탐구하고 "기억으로부터 자유롭고 싶은 이중의 욕망"(김수이, 「"기억의 우연한 교집합"을 위한 에필로그」, 『낙타연애』, 2017, 118쪽)을 선보였던 것이다. 그리고 이제 그는 부재하지만, 영원히 존재에 영향을 주는 '당신'의 궤적에 '굿바이'를 선언하려고 한다.

당신이 좀 더 머물길 바라며

> 내 뜨거운 숨을 두 번 더 참았다면
> 어제보다 오늘이 더 길어졌을까
> 날개를 내주고 다리를 얻었듯
> 어떤 직립은 꿈을 버리는 거다
> 그러니 인사는 생략한다
> ―「슬픈 진화 1―연옥에서의 하루」 부분

 '당신'의 무거운 궤적과 부재 사이에서 화자는 '슬픈 진화'를 맞이한다. "어떤 직립은 꿈을 버리는" 일이며 "날개를 내주고 다리를" 얻는 일, 당신에게 "인사는 생략"하고 비로소 '당신'과의 관계에서 화자는 실존의 의미를 되찾는다. 그동안의 임수경 시집이 '당신'과의 사랑과 체험이 언표를 통해 지속되고 확장되어 시인의 의식을 가득 채워왔다면, 이번 시집에서는 '당신'을 멀리 떠나보낸 뒤 현재의 삶이 비록 "그쪽과 저쪽 사이" 어디쯤 놓이더라도 "완전한 소멸을 꿈꾸"며 남은 생의 목적을 향해 "날개를 내주고" 얻은 다리로 "직립"해 보려는 의지를 밝힌 것이다. 화자에게 '당신'은 파장처럼 "다가올 때보다 멀어질 때 더/낮고 깊게 폐부를 찌르는 소리 현상"으로 존재한다. "멀어지는 너, 는 더 집요하게 공명"하여 화자의 현재의 삶을 뒤흔들고 있는 것이다. 그것은 "사방으로 젖어 들어가는 종이,/번졌음에도 제 뜻을 쥐고 있는 문장"(「낙화주의―도플러 효과」)과도 같은데, 자연스럽게 화자는 현재의 삶을 뒤흔드는 '당신'

에게서 직립을 선언한다. "당신이 스쳐 간 모든 자리가 술렁"대지만, 그리고 *"여전히 모를 일이지만"*, *"당신 말대로/오래 기억된다는 건 피곤한 일일지도"* 몰라서 이제 *"당신, 이쯤에서 저물어도 된다"*(「이상하게 슬픈 파랑」)라고 말하는 것이다.

2.

죽음에 대한 시인의 해방적 시선은 기억을 통해 존재하는 '당신'이 현재 속에서 자주 출몰할 때 죽음이 '너머'에 존재하는 일이자 잠깐의 이별로 이해되기 때문에 가능한 것이다. 시인은 '당신'을 충분히 기억하면서 현재의 고독을 당당히 기록하고 미제의 영역을 직립해 나아가 완전한 소멸에 이르고자 한다. 그런 점에서 임수경의 시는 문자가 길어 올리는 비의(秘意)에서 알레고리적 활기를 엿보게 해준다. 그는 사물을 언어로 존재하게 하면서 독자가 사물 간 연관성을 찾아 의미를 창출하도록 유도한다. 그가 그려놓은 우주 풍경이나 자연의 실루엣은 통증과 고독이라는 고답적 정서를 불러일으키지만, 동시에 독자에게는 알레고리의 사유를 발현시키는 데 성공한다. 그의 시에는 소멸 및 부재의 고통과 '마들렌' 같은 '프루스트적 시간'이 공존하기 때문이다. "보이지 않은 가시가 박힌 손톱 밑/당신인가, 똑, 똑, 잘라내도 쓰"리지만 "드물게 쥐어 줬다 물렀던 겸상의 행복"이 있고 "턱없이 부족했던 술잔 속

낭만"이 있기에 이 "낯선 쓸쓸함"(「결벽증」)은 견딜 만하다. "나를 스쳐 간 행성들이/우주 귀퉁이마다 알알이 박혀 통증"이 되지만 화자는 "지금은 참을 만하다고" 말한다. "홀로 그 섬에 남아 내게 손을 흔들"던 이는 "꽃나무로 가만 서서 바람과 놀"고 "문득 뿌리처럼 물구나무를 서면 지루하지 않다던" 친구였다. 화자는 "이쯤 살고 보니 봄에 뒹구는 눈 얼음도 반갑다고"(「잔존기억」) 말한다. "자주는 아니었지만/소식을 주고받던 소행성은/지난밤 소멸"이 되어도 "소멸을 가장한 자멸의 궤도 역시/태초부터 정해진 것"이라는 화자의 철학적 사색은 경험의 역사에 대한 서정적 움직임이면서도 동시에 소멸을 압제적인 것으로만 여기지 않는 태도이다. 그는 "그럼에도 아직은 때가 아니라고/아린 시(詩)를 빌어 혀끝으로 고쳐 적"(「퇴고—통점(痛點)」)음으로써 주어진 '미제'의 삶을 이어가려는 것이다.

3.

'당신'에 대한 기억을 떠올릴 때마다 그 추억의 시공간은 임수경에게 때로는 강한 사이렌처럼 청색 파장으로 다가오지만, 그 부재의 흔적은 종종 고독이라는 기나긴 적색 파장으로 남기도 한다. 시인은 도플러 효과와 파장을 사용하여 '알레고리적 시선'을 보다 명징하게 그려내고 있다. '당신'은 기억되지 않는 기억이 되고 "이륙 즉시 흔적을 지우는 발자국"이지만 "낡은 고독과 변변치 않은 무료함까지/손에 꽉 쥐고 있다가 어느 쯤엔가 놓쳐/찾을 생각조차 잃어버리고"(「임씨표류기」) 소멸해 버리는 비극적 실존 앞에서 삶을 추동하려고 한다. '도플러 효과'란 물체가 관측자에게 다가올 때 관측되는 전자기파의 파장이 짧아지고 그 물체가 관측자에게 멀어질 때 관측되는 전자기파의 파장은 길어진다는 원리를 말한다. 임수경은 도플러 효과의 파장을 이용하여 '당신'에 대한 기억과 부재로 인한 고독을 시적으로 풀이해 간다. 그에게 기억이란 파장이 짧은 파랑이고 기억이 남기는 고독은 "파장이 긴 붉은색"(「어젠 블러드문이 떴다」)이다. 화자에게 '현재'에 겹쳐지는 '당신'에 대한 기억으로 '당신'은 문득문득 떠오르는 '청색' 파장으로 다가오지만, 여전히 존재하지 않는 당신의 부재로 인한 고독은 커가기만 한다. "다가올 때보다 멀어질 때 더/낮고 깊게 폐부를 찌르는 소리 현상" 때문에 "지구의 모든 벚꽃이 떨어지"고 "멀어지는 너, 는 더 집요하게 공명"(「낙화주의—도플러 효과」)하는 것이다. 따라서 화자에게 기억이란 "귀 뒤쪽 파란 혈관 따라 가득 고인 당신의 속삭임"이기에 "꿈꾸는 중이라고 말하고" 싶어지는 것이다. 그리고 '당신'은 "모든 짧은 것들은 다 가볍게 잊혀야"(「이상하게 슬픈 파랑」) 하는 청색 파장이지만, 멀어져가면서 "더 집요하게 공명"하는 존재이기에 화자는 고독하기만 하다. 그는 "파장이 긴 붉은색에 대해 말하고자 해/개기월식 끝나는 그, 순간까지/지구 대기를 통과하는 마지막의 마지막 빛이지/떠나오기 전에도 말했지만/검은 그림자 안에서도 빛을 잃지 않는/끈질긴 기억만큼이나/생을 흔드는 집요함은 없어//붉은 달이 뜨는 날/지상의 모든 기도는 붉게 타올라//……이제 혼자서 중심을 잡아"라고 말하는데, 이렇듯 '당신'의 부재는 "끈질긴 기억만큼이나/생을 흔드는 집요함"이고 시인은 이제 "혼자서 중심을 잡"(「어젠 블러드문이 떴다」)고 직립해 가려 하는 것이다.

4.

1.
아버지의 사진 앞에서 아버지를 모르는 사람들이 줄 맞춰 인사를 했다 누구를 위한 안녕인가

2.
여지없이 죽음에 대해 말해 달란다 어제를 기억하는 일은 살아남은 사람들에게 남겨진 의식이다 안정된 재생을 위해 잠시 침묵, 목소리의 높낮이와 한숨과 쉼표, 말줄임표를 적절하게 배합해 낸다
막 부쳐낸 동그랑땡을 입에 넣으며 저런, 에고,

입으로 들어가다 턱밑으로 흘러내리는 빨간 육개장 국
물을 핥아먹고 싶었다

내내 배가 고팠다

3.
이름도 낯선 몇 번의 의식이 진행되었다 처음이라 모릅
니다 이쪽으로 서세요 나오세요 인사하세요 안녕히 가세
요 하세요

안녕(安寧), 은 안녕을 위한 인사다
안녕은 염원이고 기원이자 재회의 약속이다
실현될 수 없는 외침은 무의미한 의식일 뿐이다
그러므로 난 안녕, 하고 싶지 않았다

내일 일은 내일로 미룬다
　—「안녕을 곱씹는 하루—2022년 6월 30일 일기」 전문

이 작품에서 중요한 것은 '죽음'을 맞이하는 이들과 화자의 태도다. 화자의 삶 일부 혹은 전체를 진동시키는 '당신'의 죽음에 대한 의식은 이 땅에서는 "모르는 사람들"을 맞이하는

일로 힘겹기만 하다. 이것이 "누구를 위한 안녕"인지 "이름도 낯선 몇 번의 의식이 진행"되는 동안 화자는 "이쪽으로 서세요 나오세요 인사하세요 안녕히 가세요 하세요"라는 말 속에서 "안녕(安寧), 은 안녕을 위한 인사"임에도 "실현될 수 없는 외침은 무의미한 의식"이라고 되새김한다. 그런 식으로 화자는 "난 안녕, 하고 싶지 않"은 것이다. '당신'의 죽음을 통해 화자는 회피 불가능한 '나'의 죽음 앞에 안녕을 고하는 방식을 마주하게 되고 '누군가'의 특별한 사건이 모두에게는 "무의미한 의식"일 뿐이라는 결론에 도달하게 된다. "난 안녕, 하고 싶지 않"아서 "완전한 소멸"을 꿈꾸는 것이다. 이 시편에 중심 이미지는 "안녕"을 고하는 방식과 "의식"이다. 이 두 가지는 모두 장례식장에서 이루어지는 행위 이미지를 포함하는데 여기서 '당신'은 오로지 기억으로 자리하고 현재를 살아가는 모든 이들은 '당신'과의 기억이 아닌 "여지없이 죽음에 대해" 궁금할 뿐이다. 그래서 화자는 "남겨진 의식"에 따라 "안정된 재생을 위해 잠시"의 '침묵'과 "목소리의 높낮이와 한숨과 쉼표, 말줄임표를 적절하게 배합"하여 '당신'의 죽음을 설명한다. 이때 죽음은 '나'의 삶 전체를 흔들고 진동하는 "일상"이고 "통증"(「불치」)이며 유일하게 내게 "안부를 물어줄 당신"(「맞습니다, 종로3가역」)이지만, 그것을 기억하지 않는다면 '죽음'은 그저 "파삭,/시멘트와 신발 사이/부서지는 지난 계절의 매미껍질"처럼 "고작 이런 끝"(「잔혹한 천사의 테제」)일 뿐이다. 중요한 것은 의식이 아니라 기억인 셈이다. '당신'의 존재는 '나'의 기억에서 생을 이어가고 '나'는 '당신'의 일부로 삶을 살아가기 때문이다.

5.

임수경의 시는 '죽음에 관한 세계'라고 해도 지나친 말이 아니다. 죽음에 관한 사유는 현재를 검토하여 미제의 영역을 살펴 '삶'을 희구한다는 점에서 그리 비관적이지 않다. 임수경은 결국 회피 불가능한 죽음에 기투하여 현재 자기 위치를 확인하고 그 위치에서 미제의 영역을 어떻게 채워야 할 것인지 결단을 내린다. 그럼으로써 죽음으로부터 놓여나는 것이다. 이러한 임수경의 기억과 기록은 결국 '당신'의 존재를 불멸로 만들고 '나'를 구원하며 '나'의 존재를 확인받는 일이 된다. 미제의 영역을 향해 '직립'하려는 의지가 되는 것이다.

> 지구에서 이미 사라져 버린 수억 종을 만나기 위해
> 나는 매일 밤 수많은 우주의 길을 헤맨다
> 우리의 진화는 선택이 아니었다
>
> …(중략)…

사라졌다고 믿는 것들과 끊임없이 반복되는 것들
불린 이름들과 걷다 되돌아볼 목소리들 사이
이내 뚝, 틀어져 버린
기억의 띠

이곳에서 멀리로 증발했다는 당신과 재회를 꿈꾸며
밤새 여우 꼬리를 달고 우주의 길 위에서 수작을 걸었던가
면역이 없는 기억은
역시, 치명적이다

…(중략)…

다시 진화하는 오늘
나는 또다시 잔을 채우며
오랜 멸종을 꿈꾼다
　　　—「해리성기억장애증—코르샤코프증후군 3」 부분

　임수경은 기억을 통해 '당신'을 호명하지만, 유한한 인간의 삶과 기억 속에서 "당신이 좀 더 머물길 바라며"(「슬픈 진화 1—연옥에서의 하루」) "돌아볼지 모를 각자의 궤적을 새겨"(「귀환 궤도」) 놓는다. "타노스가 자식을 뜯어먹는 그림 앞에서/난 당

신이 뜯어먹고 있을 하루를 시로"(「우리 종의 사인(死因)은 모두 고독이다」) 써나간다. 이것은 "만 년 전 혜성의 불시착으로/아직도 헤매고 있을 당신에게/눈물 없이 마지막일지 모를 고백"이다. "나의 기다림은 유한"하고 "되풀이되던 기억도 낡아갈"(「움켜쥘 심장이 하나뿐이라 쓸쓸한 거다」) 것이지만 "망각함으로 안녕을 완성"하기 위해 "꾹꾹 눌러쓴 어린 일기장처럼"(「슬픈 진화 2」) 기록하려는 것이다. 화자는 "지구에서 이미 사라져버린 수억 종을 만나기" 위하여 "매일 밤 수많은 우주의 길"을 헤매는데, 그것은 "사라졌다고 믿는 것들"과 "불린 이름들", 그리고 "되돌아볼 목소리들"을 복원시켜 죽음의 프리즘을 통해 분사된 이미지에 생명을 부여하려는 것이 아닐 수 없다.

결국 임수경의 화자는 과거를 자양분으로 삼아 현재를 지탱하며 여분의 삶을 인식해 간다. "한 잔의 추억과 그 한 잔의 쓸쓸함까지/멀어지는 건 가볍게 잊히길"(「코기토(Cogito)」) 바라면서 기억을 기록해 간다. 이것은 화자에게 "낡은 첫사랑의 이름을 입 밖으로" 내보는 일이면서 "먼지 쌓인 기억을 헤집어보기도/그럴싸한 표정으로 멜로디를 흥얼거리"(「엘리스의 어린 왕자―다시 코기토(Cogito)」)는 일이다. 그렇게 기록은 기억을 통해 "기억의 띠"가 되고 "끊어진 것들이 홀로 뒹굴지 않"게 한다. "세상의 모든 선들은 연결되어야" 한다는 임수경의 이러한 믿음은 "잠깐이라도 마주할 수 있다면" "그리고, 움

커쥘 것/살아 있다면 기억할 수 있고/기억한 자만이 그리워할 수 있음을"(「허밍」) 굳건하게 믿는 태도에서 말미암는다.

"불필요한 시간의 기억을 임의적으로 지움으로써 쾌적한 아침을 맞는 놀라운 자기 보호력"(「해리성기억장애증―코르샤코프증후군 3」)으로 인간은 진화해 가고 있다. 그러나 그러한 "우리의 진화는 선택이 아니"다. 임수경의 화자는 '죽음'에 관한 다중 시선과 목소리로 '당신'을 영원히 기억하려는 것이다. 그리할 때 비로소 '나'는 미제의 영역을 완성하여 완전한 소멸에 이를 수 있고, 시로 저장되고 암호화된 '당신'은 영원히 존재케 된다. '당신'의 부재로 '아직 오지 않음'이라는 '미제'의 영역을 채워가는 것이 아니라, '당신'과의 기억과 흔적을 간직하며 삶을 살아가겠다는 자세를 통해 그것을 간직하고픈 독특한 사건으로 받아들이는 것이다. 그리하여 화자에게 기억은 "생의 선물" 같아서 "기억 한 조각을 얻고 나니/습관으로 문질러대는 쓸쓸함 속에서도/남다른 위안들이 쏟아"(「호접문―세렌디피티 2」)지고 찰랑댈 수 있는 것이다.

플라톤은 죽음을 유한한 육체로부터 영혼이 해방되는 일로 보았고 기독교에서는 죽음이 현세의 고통과 운명으로부터 영원에 이르는 길이라고 여겼다. 우리는 무의식적으로 죽음이 필멸의 존재인 인간에게 평등하게 적용되고 결코 정복될 수 없는 사실이라는 점을 알고 있다. 임수경은 실존주의 철학자

들처럼 죽음 그 자체를 신비화하지 않고 그것을 슬픔과 불안, 고통의 감정으로 대할 수밖에 없는 '사실 자체'로 본다. 그는 죽음을 향한 존재를 사유하는데 그것을 선험적으로 규정하거나 형이상학적 방식으로 바라보는 태도와 단호하게 결별한다. 그는 죽음이 존재의 일부이므로 인간은 압제적 죽음 앞에 무력하게 살아간다는 회의적 태도에서 벗어나 있기 때문이다. 그리고 시인은 주어진 삶을 더욱 유의미하게 살아내려는 태도를 통해 한 존재의 삶이 기록될 때 비로소 불멸의 존재가 된다는 것을 깨닫는다. 그럼으로써 완전한 소멸을 꿈꾸는 살아남은 자들의 현재와 '미제'의 영역을 품게 되는 것이다. 결국 임수경은 죽음을 질료로 하여 삶과 죽음을 겹쳐 읽도록 하면서 자신의 문학적 기록이 '당신'의 기록이었음을 그리고 우리의 기억이었음을 확인시키는 것이다.

시인동네 시인선 225

이상하게 슬픈 파랑
ⓒ 임수경

초판 1쇄 인쇄　2024년 2월 16일
초판 1쇄 발행　2024년 2월 23일
지은이　임수경
펴낸이　김석봉
디자인　헤이존
펴낸곳　문학의전당
출판등록　제448-251002012000043호
주소　충북 단양군 적성면 도곡파랑로 178
전화　043-421-1977
전자우편　sbpoem@naver.com

ISBN　979-11-5896-631-7 03810

*이 책의 판권은 지은이와 문학의전당에 있습니다.
*양측의 서면 동의 없는 무단 전재 및 복제를 금합니다.
*잘못 만들어진 책은 바꿔드립니다.